D1717710

A. Kleiner
Dank,
von mir für Dich,
liebe Birgitte
für Deine aufbauende
Unterstützung und Deinen
Zuspruch!

Ursula

LORENZ HEISS

A kloaner Dank

BUIDL-POESIE:

Buidl mit Sinnsprüch in boarischer Mundart

gewidmet

Steffi † 29.9.1998

*M*it Dank durchs Jahr:

„A kloaner Dank"
zur rechtn Zeit
kost ned de Welt
und bringt vui Freid.

*A*uf a'm oafachn Weg
werst blos Oafachs erlebn.
Des Bsundere duad's grad
auf bsundre Weg gebn.

Wenn d' Liab hat koa Kraft,
wenn's koa Wärm nimma schafft,
wenn's koid werd im Lebn,
dann soi di a schütznder
Mantl umgebn!

*O*ptimismus is
a bsundre Kraft,
hat manchmoi scho
Unmöglichs gschafft.

*Trotz Schnee und Frost
bleibt oi's am Lebn,
's werd boid
a'n neuen Früahling gebn.*

's is de *H*offnung:
Nur sie treibt oan o,
daß ma oiwei
neu ofanga ko.

Lachnde Gsichter,
de san für de Welt,
wia aufblüahde Bleamei
am Berg und am Feld.

*O*i's was wachst
braucht vui Liab.
Denk verständnisvoi dro,
daß de Knospn
grad 's Liacht und d' Wärm
aufbrechn ko.

*H*erzhaft lachn,
's Herz aufmachn!
Zu sich kemma,
d' Liab aufnehma!

A freundlichs Wort
zur rechtn Zeit
is wia a Liacht
in Dunkelheit.

Besser jedn Tag
a bisserl gfreit,
ois Überschwang
von Zeit zu Zeit.

*N*atur:
Lern s' z'erst kenna,
dann werst sie mögn,
werst sie schützn,
werst sie hegn.

A Gleichklang
ko gwiß imponiern.
Daß's übereinstimmt
kannst da spürn.
Doch's is
wia bei Musik und Gsang:
Harmonie
bringt erst der Zammaklang.

*H*oamat:
Für mi is a Gfüh,
des ko i grad umschreibn.
Es sagt mia, da möcht i
mei Lebtag lang bleibn.

De Einsamkeit is oft der Weg,
auf dem man zu sich selber findt.
Du kimmst dem „Ich" erst auf de Spur,
wenn umadum de Welt verschwindt.

Wunder,
ja, de gibt's scho no,
für oan,
der sich no wundern ko.

Genieß de scheena Stundn,
wia schnell san sie verschwundn.
So a Tag, der soi di gfrei,
ois daads der letzte sei.

Zeit dua ned vergeh,
Zeit bleib steh!
Der Augenblick
is so schee.

Oft zoagt sich erst
im scheenstn „Kleid",
was dem Abschied
is scho gweiht.

*I*m Herbst schaust zum Himme,
im Früahling auf d' Er(d)n.
I glaab, i mag deswegn
a'n Herbst gar so gern.

Wenn d' Liab
in koide Herzn kriacht,
verbroat s' a Wärm
wia mildes Liacht.

Werdn d' Traam ned wahr,
des is ned schad.
Arm is grad,
wer koan Traam mehr hat.

Ned 's Wünschn
und des Strebn nach Gwinn,
des Dankn
gibt deim Lebn an Sinn.

Impressum:
Herausgeber und Verlag:
Verlag Anton Plenk,
Koch-Sternfeld-Straße 5,
83471 Berchtesgaden
Telefon 0 86 52/44 74, Fax 6 62 77
e-mail: Plenk-Verlag@t-online.de
http://www.Plenk-Verlag.com

Texte und Fotos:
Lorenz Heiß, Berchtesgaden

Layout, Satz und Lithografie:
GL-Satz, Grassl&Lage, Berchtesgaden

Druck/Gesamtherstellung:
Haßfurter Tagblatt,
A. Wollenweber KG, Haßfurt

Die Deutsche Bibliothek - CIP-Einheitsaufnahme

Heiß, Lorenz:
A kloaner Dank / Lorenz Heiss. - 1. Aufl. - Berchtesgaden : Plenk, 1999
(Buidl-Poesie)
ISBN 3-927957-19-4